LES MILLE PREMIERS MOTS EN ANGLAIS

AVEC AUTOCOLLANTS

Heather Amery

Illustrations : Stephen Cartwright

Édition revue et corrigée par Mairi Mackinnon

Mise à jour des illustrations : Mike Olley

Traduction/adaptation : Lorraine Beurton-Sharp

Remerciements à Jonathan Melmoth

Il y a un petit canard jaune sur chaque double page.
Amuse-toi à le chercher.

Le petit canard jaune de Stephen Cartwright a fait sa toute première apparition dans *Les mille premiers mots* il y a plus de trente ans. Depuis, des millions de lecteurs dans le monde entier, jeunes et vieux, l'ont retrouvé, pour leur plus grand plaisir, dans pas moins de 125 livres publiés en plus de 70 langues.

Avant-propos

Ce livre d'autocollants s'adresse à de jeunes lecteurs d'âges différents qui souhaitent s'initier à l'anglais. Ils y trouveront des mots du langage quotidien et de la vie de tous les jours. Apprendre devient un jeu d'enfant quand il s'agit de regarder les illustrations et d'associer les autocollants aux mots.

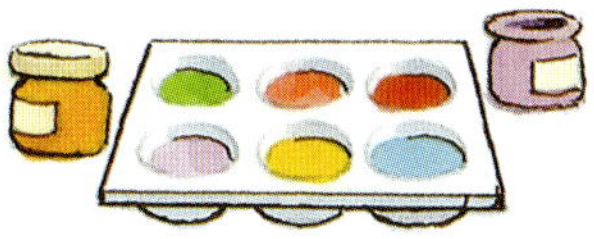
paints

bottles

Le lecteur pourra aussi observer la grande illustration du milieu en essayant de retrouver les noms des objets, des personnes et des animaux qui y figurent, et de les associer aux images placées tout autour et à celles des autocollants. C'est amusant, et cela aide à retenir plus facilement le vocabulaire anglais.

goldfish

En anglais, le genre (masculin, féminin) n'existe pas. L'article défini **the** (le, la, les) s'utilise devant chaque nom au singulier et reste le même devant un nom pluriel. Dans le livre, les mots sont donc cités sans article. Les verbes sont donnés à la forme infinitive, qui est indiquée par le mot **to** devant le verbe lui-même (**to sing**, chanter).

helicopter

La prononciation

La meilleure façon d'apprendre à bien prononcer l'anglais est d'écouter un autochtone parler. Le lecteur peut écouter tous les mots du livre, lus par une personne de langue maternelle anglaise, sur le site web des éditions Usborne. Il lui suffit d'aller sur **www.usborne-quicklinks.com/fr** et d'entrer le titre du livre.

jigsaw

À la fin du livre se trouve une liste alphabétique de tous les mots illustrés, et pour chacun sa prononciation simplifiée et sa traduction. Et ne pas oublier que mille mots, cela demande du temps pour tous les apprendre !

chocolate

Veuillez noter que les éditions Usborne ne sont pas responsables du contenu de sites web autres que le leur. Veuillez consulter les mesures de sécurité sur le site Quicklinks d'Usborne.

At home

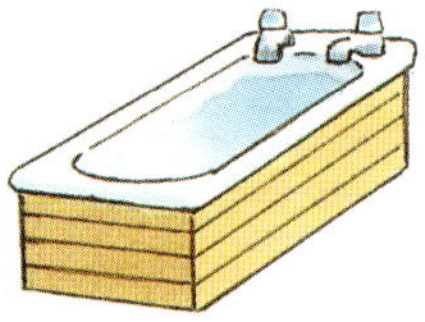

bath

soap

tap

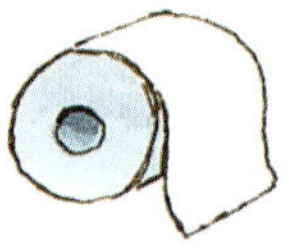

toilet paper

toothbrush

water

toilet

sponge

basin

The bathroom

The living room

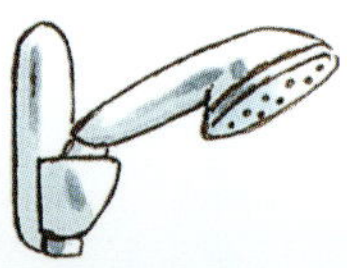

shower

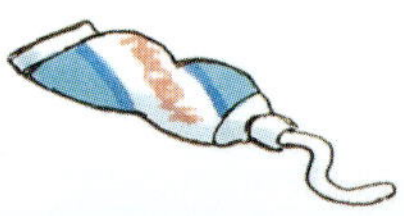

toothpaste

radio

cushion

DVD

carpet

sofa

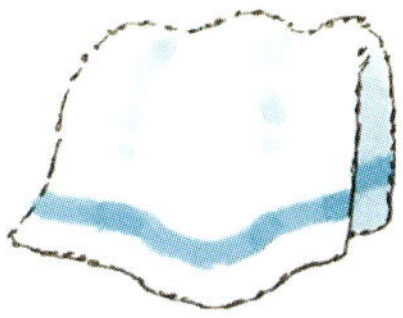

towel

chair

duvet

comb

sheet

bed

rug

The bedroom

wardrobe

television

chest of drawers

mirror

brush

The hall

lamp

pictures

pegs

radiator

fruit

newspaper

table

letters

stairs

telephone

The kitchen

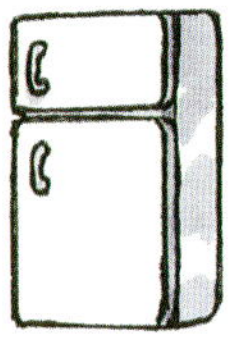

fridge

glasses

clock

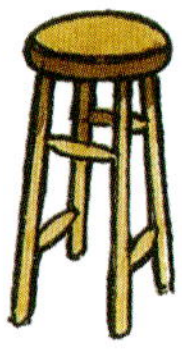

stool

teaspoons

switch

washing powder

key

door

vacuum cleaner

saucepans

forks

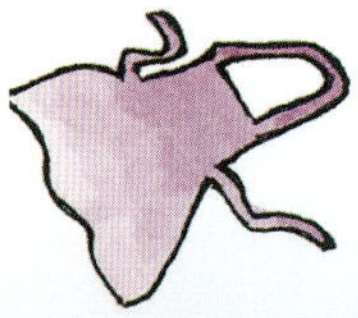

apron

ironing board

rubbish

tea towel

sink

kettle

knives

mop

duster

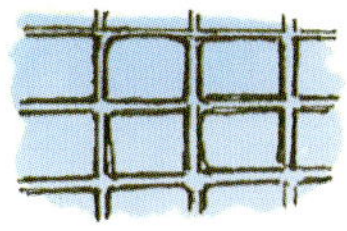

tiles

broom

washing machine

dustpan

drawer

saucers

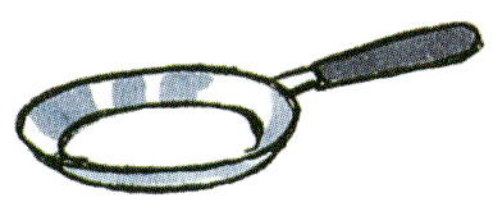

frying pan

cooker

spoons

cups

matches

brush

bowls

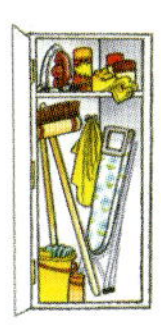

cupboard

iron

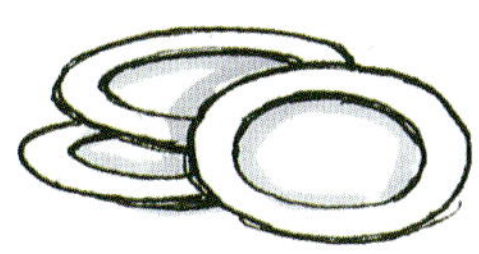

plates

The garden

wheelbarrow

beehive

snail

bricks

pigeon

spade

ladybird

dustbin

seeds

shed

worm

flowers

sprinkler

hoe

wasp

grass

watering can

bee

trowel

bone

hedge

fork

lawnmower

path

leaves

tree

smoke

caterpillar

rake

pram

vegetables

bonfire

hosepipe

greenhouse

sticks

nest

The workshop

vice

sandpaper

drill

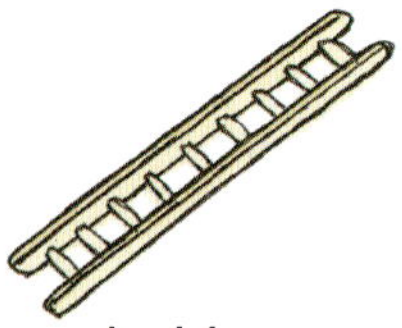

ladder

saw

sawdust

calendar

toolbox

screwdriver

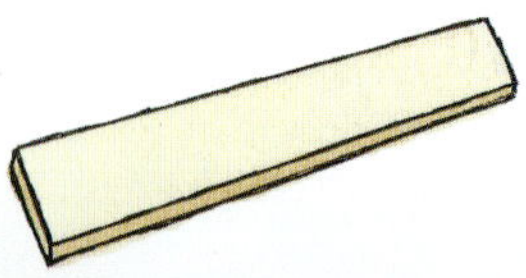

plank

shavings

penknife

wood

nails

workbench

duster

screws

tacks

spider

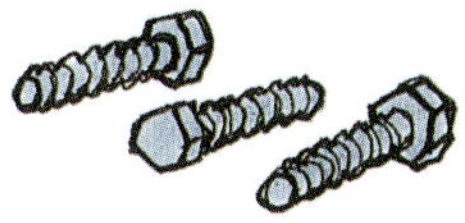

bolts

nuts

cobweb

barrel

fly

axe

cat

jars

plane

paint pot

file

hammer

tape measure

The street

shop

hole

café

ambulance

pavement

statue

chimney

roof

digger

hotel

man

police car

pipes

drill

school

playground

bus

taxi

crossing

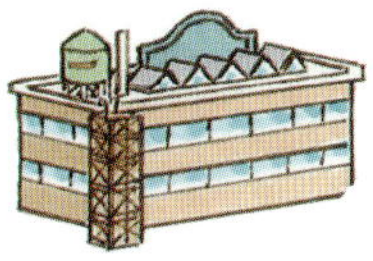

factory

lorry

traffic lights

cinema

van

roller

trailer

house

market

steps

motorbike

bicycle

fire engine

policeman

car

woman

lamp post

flats

The toyshop

train set

recorder

dice

robot

drums

necklace

camera

beads

dolls

guitar

ring

doll's house

whistle

bricks

castle

submarine

mouth organ

bow

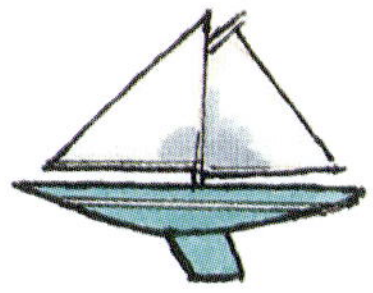

boat

parachute

face paints

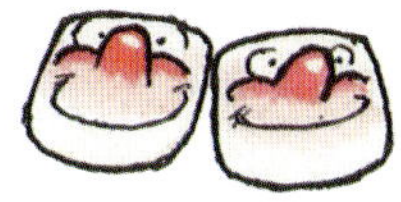

masks

roller

racing car

money box

rocking horse

marbles

piano

puppets

spacemen

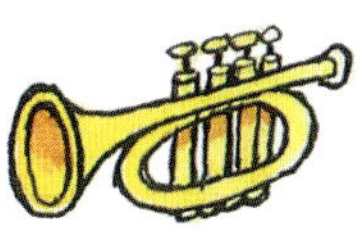

trumpet

arrows

crane

playing cards

soldiers

rocket

paints

The park

swings

sandpit

picnic

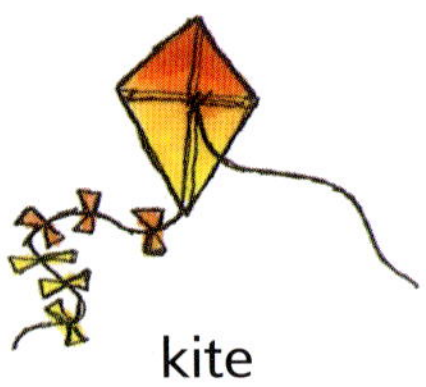

kite

ice cream

dog

gate

path

frog

slide

tadpoles

lake

roller blades

bush

flower bed

swans

bench

baby

skateboard

earth

pushchair

seesaw

children

tricycle

birds

railings

ball

yacht

lead

duck

trees

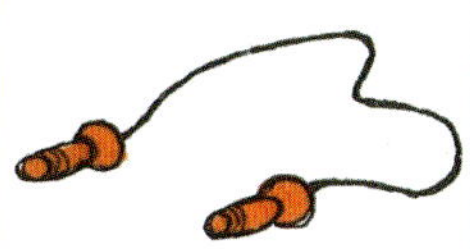
skipping rope

ducklings

puddle

string

Animals

wing

eagle

panda

hippopotamus

gorilla

bat

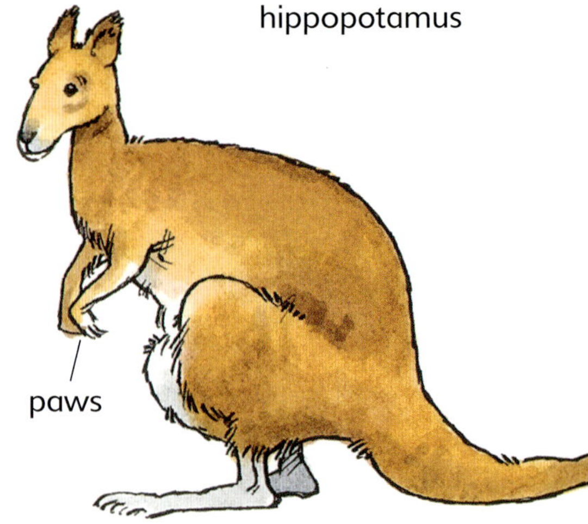

kangaroo

monkey

wolf

crocodile

penguin

bear

pelican

ostrich

dolphin

giraffe

lion

cubs

horns
camel
seal
goat
polar bear
tortoise
trunk
bison
elephant
rhinoceros
snake
zebra
deer
beaver
shark
whale
leopard
tiger

Travel

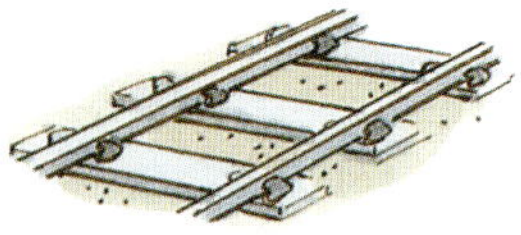

railway track

engine

buffers

carriages

train driver

goods train

platform

ticket inspector

suitcase

The railway station

The garage

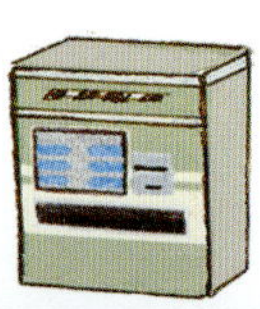

ticket machine

signals

backpack

headlights

engine

wheel

battery

The airport

helicopter

plane

runway

cabin crew

control tower

pilot

car wash

boot

petrol

breakdown lorry

petrol tanker

spanner

tyre

bonnet

oil

petrol pump

The country

windmill

hot-air balloon

butterfly

lizard

stones

fox

stream

signpost

hedgehog

lock

squirrel

forest

badger

river

road

rocks

mountain

tents

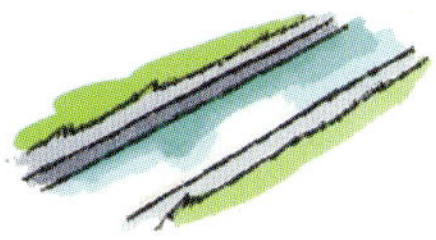

canal

logs

village

moth

bridge

barge

waterfall

owl

tunnel

toad

train

caravan

hill

fisherman

mole

fox cubs

The farm

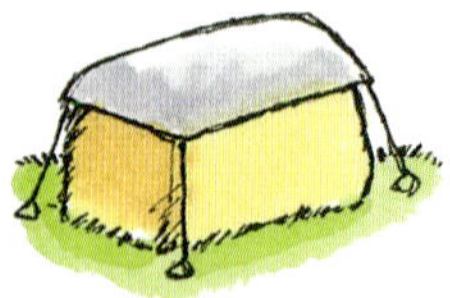
haystack

sheepdog

lambs

geese

pond

chicks

hayloft

pigsty

bull

field

hen house

tractor

tanker

barn

mud

hay

farmer

cockerel

hens

calf

fence

cowshed

saddle

cow

orchard

plough

stable

donkey

piglets

turkeys

cart

sheep

horse

straw bales

pigs

scarecrow

farmhouse

The seaside

sailing boat

sea

oar

lighthouse

spade

bucket

starfish

sandcastle

umbrella

flag

sailor

crab

seagull

island

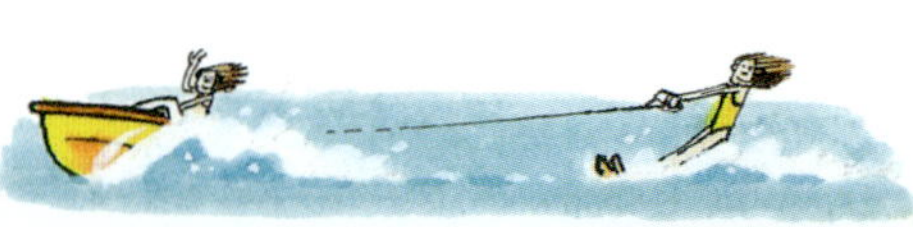
motorboat

water-skier

shell

waves

sunhat

cliff

ship

canoe

rope

pebbles

seaweed

net

paddle

fishing boat

flippers

swimsuit

oil tanker

beach

rowing boat

deckchair

fish

suncream

At school

scissors

sums

rubber

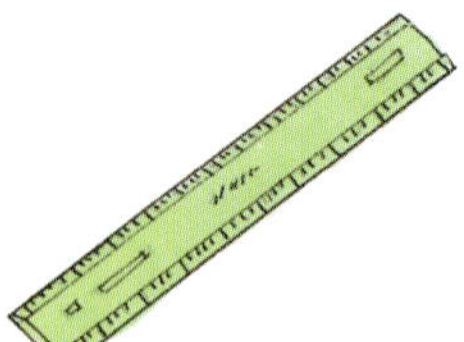

ruler

photographs

felt-tips

clay

paints

boy

pencil

desk

books

pen

glue

chalk

drawing

wastepaper bin

board

teacher

box

map

brush

ceiling

wall

floor

notebook

alphabet

badge

aquarium

paper

blind

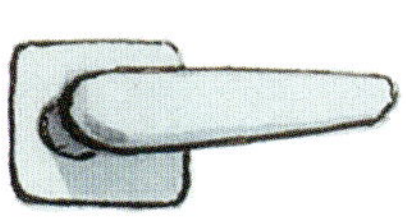
door handle

plant

globe

girl

crayons

lamp

easel

nurse

The hospital

apple

syringe

cotton wool

medicine

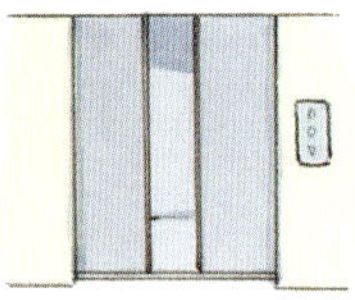

lift

dressing gown

crutches

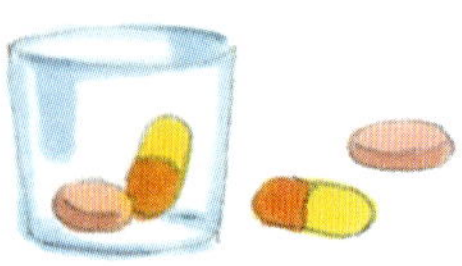

pills

tray

watch

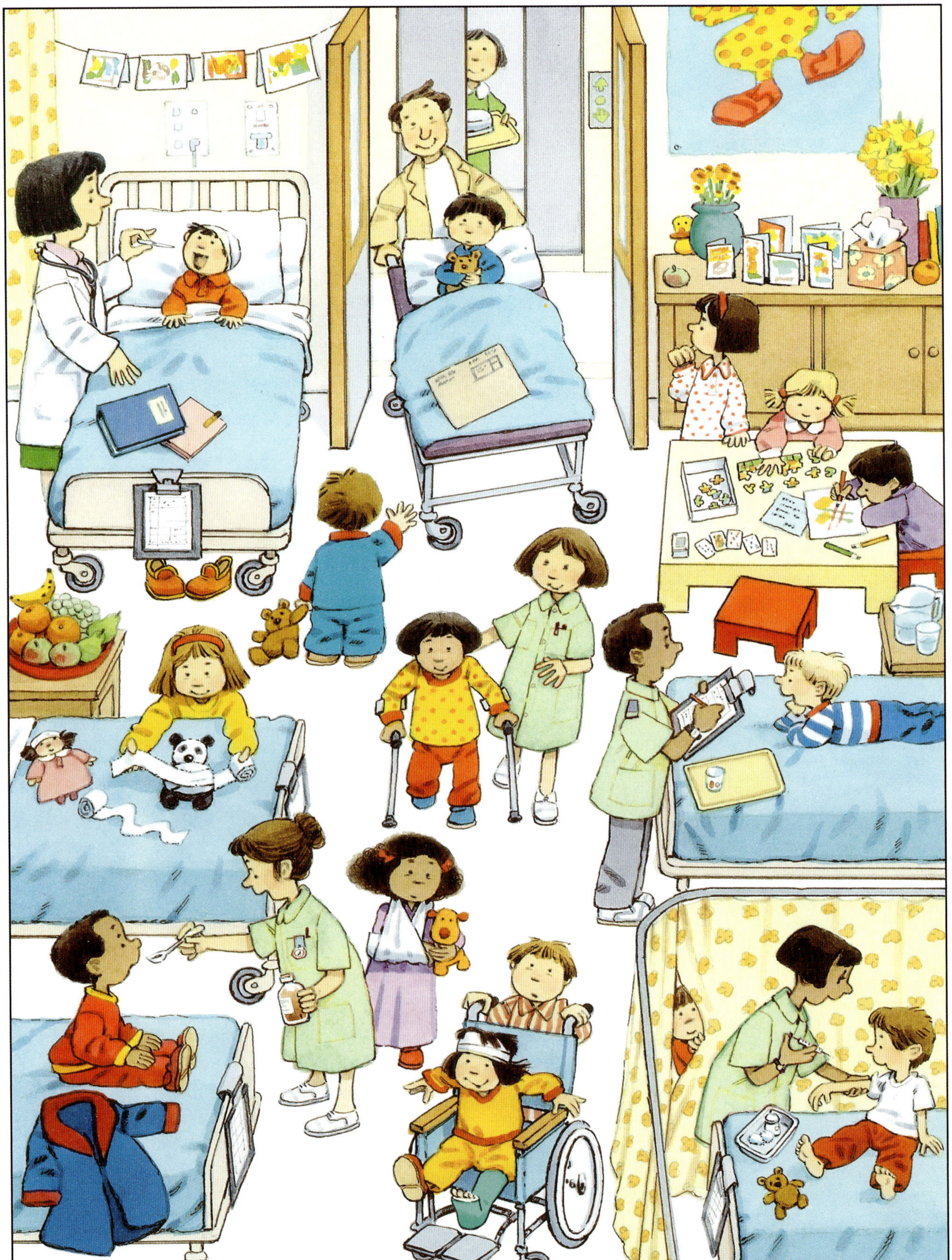

thermometer

curtain

cast

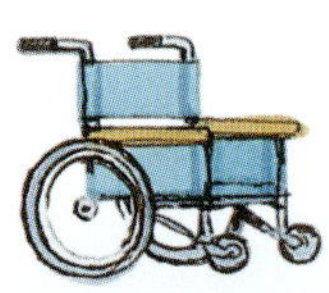

wheelchair

jigsaw

doctor

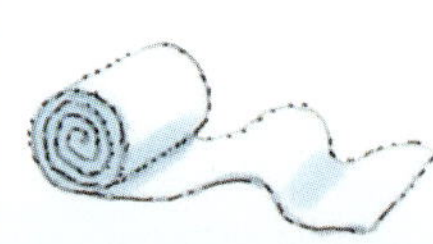

bandage

The doctor

pillow

computer

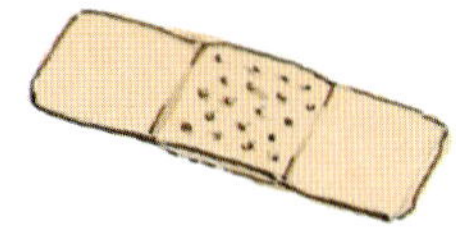
sticking plaster

banana

grapes

basket

toys

pear

cards

nappy

walking stick

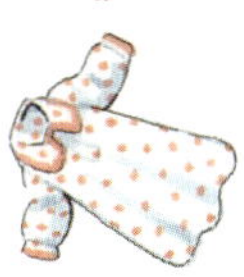
nightdress

pyjamas

slippers

orange

tissues

comic

waiting room

The party

balloon

chocolate

sweet

window

fireworks

ribbon

cake

straw

candle

paper chains

toys

sandwich

butter

biscuit

cheese

glasses

soap
fruit
sheet
ironing board
washing machine
worm
tree
toolbox
tap
newspaper
duvet
rubbish
broom
flowers
leaves
screwdriver
toothbrush
letters
chair
tea towel
duster
hoe
lawnmower
shavings
water
stairs
glasses
cups
knives
wasp
fork
penknife
sponge
pegs
clock
brush
sink
grass
bone
nails
basin
pictures
teaspoons
bowls
beehive
pram
bee
workbench
radio
brush
switch
iron
snail
vegetables
watering can
jars
cushion
mirror
key
spoons
pigeon
hosepipe
sandpaper
plane
carpet
television
door
cooker
spade
sticks
drill
file
sofa
wardrobe
saucepans
saucers
dustbin
rake
saw
hammer
radiator
bed
forks
drawer
seeds
caterpillar
sawdust
axe

battery
helicopter
rocks
logs
barn
cow
umbrella
net
petrol tanker
hot-air balloon
toad
tents
mud
saddle
sailor
pebbles
spanner
butterfly
train
mountain
hay
fence
crab
rope
bonnet
stones
caravan
sheepdog
sheep
calf
island
ship
oil
fox
fisherman
lambs
horse
cockerel
swimsuit
sunhat
petrol pump
signpost
mole
pond
pigs
farmer
oil tanker
waves
petrol
hedgehog
tunnel
chicks
scarecrow
sea
rowing boat
shell
boot
squirrel
owl
pigsty
turkeys
oar
deckchair
2 + 2 = 4
2 + 3 = 5
sums
pilot
forest
barge
bull
piglets
spade
fish
rubber
control tower
river
bridge
hen house
stable
bucket
flippers
photographs
runway
road
village
tractor
plough
sandcastle
paddle
felt-tips

bat
boiled egg
sauce
hand
trainers
firefighter
break
sleep
pelican
hot chocolate
mashed potatoes
fingers
sandals
judge
write
skip
dolphin
sugar
chopsticks
socks
gloves
hairdresser
cut
cook
cubs
milk
hamburger
vest
belt
dentist
carry
read
tortoise
honey
eyebrow
jeans
zip
painter
jump
pick
deer
salt
mouth
shirt
buttons
baker
make
fall
seal
pepper
teeth
shorts
coat
pet
wash
walk
snake
rolls
chin
dress
cap
smile
crawl
run
beaver
chips
neck
sweatshirt
chef
think
watch
over
under
tiger
soup
back
scarf
butcher
catch
fight
big
small

high
soft
alive
guinea pig
gym
pony
circle
hoop-la
low
hard
birthday cards
rabbit
dance
football
cone
dodgems
fat
dark
plane
food
diving
white
oval
trick cyclist
thin
light
camera
photographer
mouse
archery
grey
square
trapeze
first
last
cold
Christmas tree
kitten
target
red
popcorn
top hat
front
hot
lightning
goldfish
jogging
pink
one
back
old
wind
snowboarding
badminton
three
five
empty
new
frost
sailing
seven
nine
eleven
full
dead
dew
thirteen
fifteen
bride
bridesmaid
bridegroom
seventeen
nineteen

paints
paper
dressing gown
tissues
fireworks
fruit juice
celery
money
boy
badge
crutches
comic
ribbon
raspberry
apricot
purse
desk
abcdefg hijklmn opqrstu vwxyz
alphabet
tray
walking stick
straw
cherry
onion
bottles
books
floor
watch
nappy
candle
crisps
cabbage
basket
glue
wall
curtain
pear
toys
sausage
lettuce
pineapple
chalk
brush
cast
toys
sandwich
salami
peas
meat
plant
map
jigsaw
grapes
biscuit
teddy bear
tomato
scales
girl
teacher
doctor
banana
cheese
carrot
spinach
flour
crayons
board
syringe
computer
glasses
cauliflower
beans
eggs
lamp
cotton wool
pyjamas
chocolate
clementine
mushroom
pumpkin
carrier bag
blind
medicine
slippers
sweet
tablecloth
cucumber
trolley
wing
eagle

fly	man	house	necklace	rocket	sandpit	duck	baby
cobweb	police car	trailer	beads	spacemen	picnic	trees	engine
nuts	drill	van	dolls	puppets	ice cream	ducklings	buffers
spider	school	cinema	ring	marbles	dog	puddle	train driver
tacks	bicycle	lorry	doll's house	rocking horse	path	yacht	goods train
hole	fire engine	crossing	bricks	racing car	frog	ball	ticket inspector
café	policeman	taxi	castle	roller	tadpoles	birds	suitcase
pavement	woman	bus	submarine	face paints	lake	tricycle	signals
statue	lamp post	recorder	arrows	parachute	bush	seesaw	backpack
roof	motorbike	dice	crane	bow	flower bed	pushchair	headlights
digger	steps	drums	soldiers	mouth organ	swans	skateboard	wheel

teddy bear

salami

presents

sausage

crisps

fancy dress

cherry

raspberry

camera

clementine

bread

tablecloth

lightbulb

fruit juice

strawberry

The shop

grapefruit

carrot

cauliflower

leek

mushroom

cucumber

lemon

celery

apricot

melon

onion

cabbage

peach

lettuce

peas

tomato

carrier bag

eggs

plum

flour

scales

jars

meat

pineapple

yoghurt

basket

bottles

handbag

purse

money

potatoes

spinach

beans

checkout

pumpkin

trolley

tins

Food

breakfast

lunch or dinner

coffee

fried egg

toast

jam

cream

boiled egg

cereal

hot chocolate

milk

sugar

honey

salt

pepper

teapot

tea

pancakes

rolls

supper or dinner

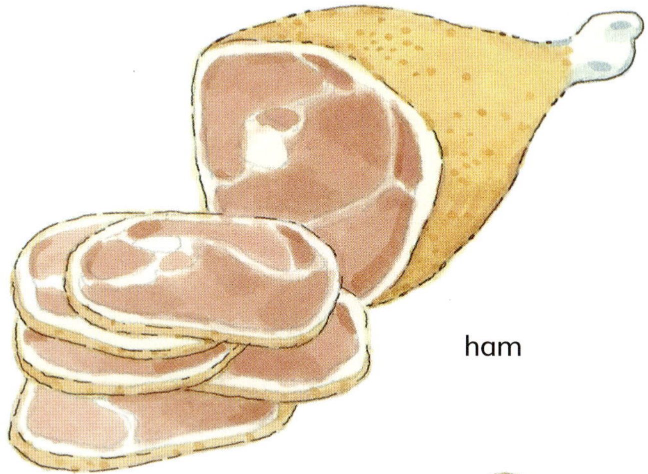

ham

soup

omelette

salad

sauce

mashed potatoes

chicken

rice

chopsticks

spaghetti

hamburger

pizza

chips

pudding

Me

eyebrow

eye

nose

cheek

mouth

lips

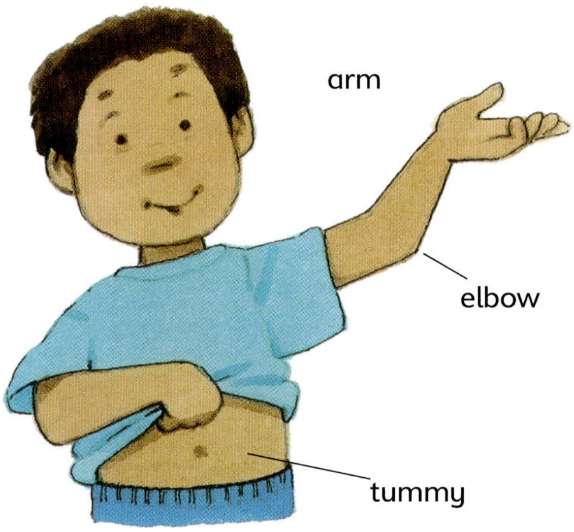

teeth

tongue

chin

ears

neck

shoulders

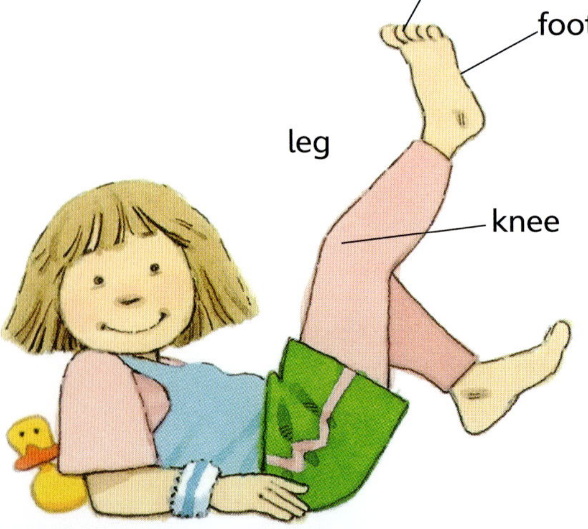

chest

back

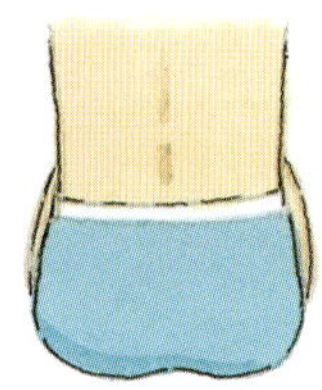
bottom

hand

thumb

fingers

My clothes

socks

pants

vest

trousers

jeans

T-shirt

skirt

shirt

tie

shorts

tights

dress

jumper

sweatshirt

cardigan

scarf

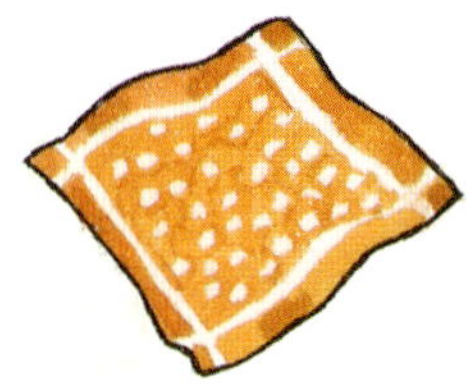

handkerchief

trainers

shoes

sandals

boots

gloves

belt

buckle

zip

shoelace

buttons

button holes

pockets

coat

jacket

cap

hat

People

actor actress

chef

dancers

singers

astronaut

butcher

policeman

policewoman

carpenter

firefighter

artist

judge

mechanics

hairdresser

lorry driver

bus driver

dentist

waiter

waitress

postman

painter

baker

diver

Families

son
brother

daughter
sister

mother
wife

father
husband

aunt

uncle

pet

cousin

grandfather

grandmother

Doing things

laugh

smile

cry

think

listen

catch

throw

break

paint

write

chop

cut

eat

talk

dig

carry

drink

jump

make

dance

wash

knit

play

crawl

watch

climb

take

skip

sleep

fight

sew

wait

hide

cook

buy

read

push

sing

sweep

blow

pull

pick

sit

fall

walk

run

Opposite words

over

under

high

low

big

small

fat

thin

first

last

out

in

easy

difficult

front

back

empty

full

fast

slow

soft

hard

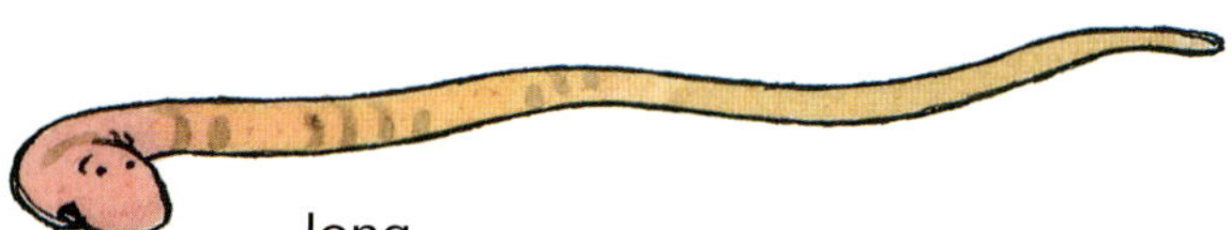

long

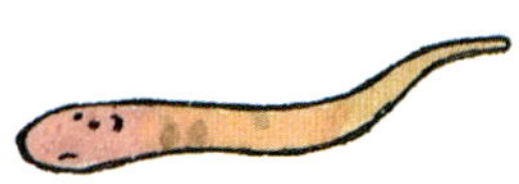

short

dark

light

cold

old

new

upstairs

hot

dead

alive

downstairs

Days

calendar

morning

evening

night

Special days

birthday

birthday cards

holiday

plane

wedding day

bride

bridesmaid bridegroom

camera

photographer

Christmas Day

Christmas tree

Weather

rain

lightning

fog

snow

dew

wind

mist

frost

rainbow

Seasons

spring

summer

autumn

winter

Pets

guinea pig

rabbit

food

mouse

kitten

goldfish

Sport and exercise

archery

target

jogging

badminton

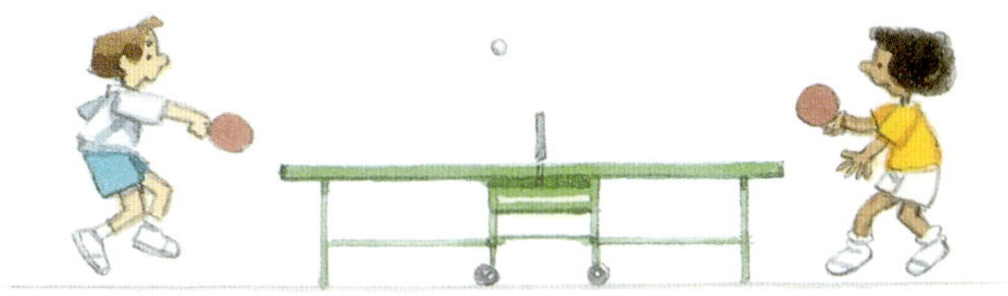

pony

football

Colours

brown

black

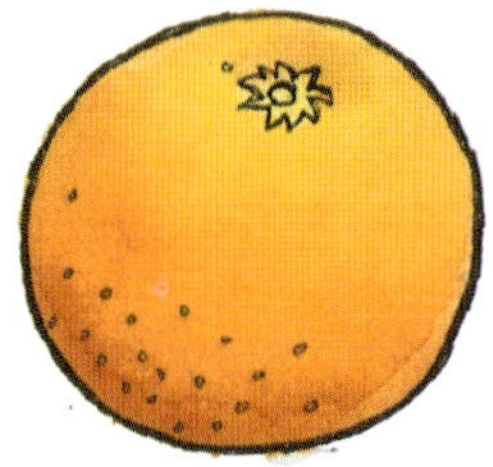

orange

green

grey

red

white

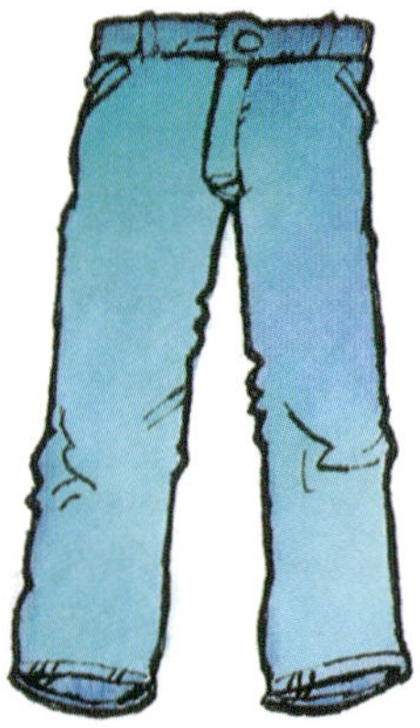

blue

pink

purple

yellow

Shapes

diamond

rectangle

circle

cone

star

cube

oval

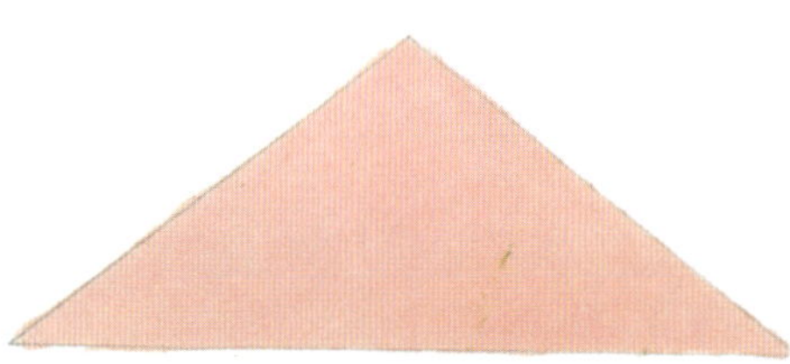

triangle

square

crescent

Numbers

1 one

2 two 

3 three

4 four 

5 five

6 six 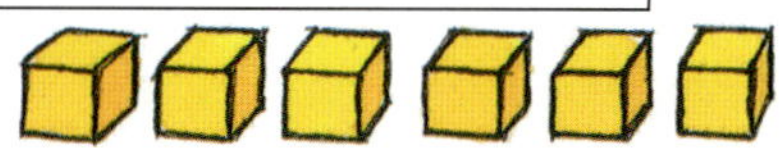

7 seven

8 eight 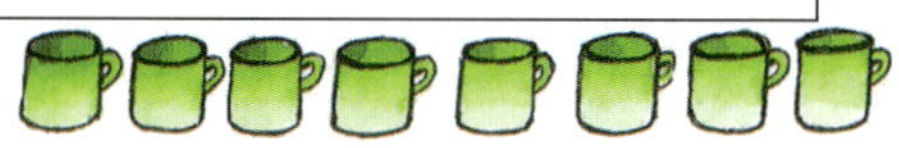

9 nine

10 ten 

11 eleven

12 twelve 

13 thirteen

14 fourteen 

15 fifteen

16 sixteen 

17 seventeen

18 eighteen 

19 nineteen

20 twenty 

The fairground

big wheel

popcorn

helter-skelter

ghost train

hoop-la

candy floss

dodgems

roundabout

rollercoaster

The circus

tightrope walker
pole
trapeze
trick cyclist
tightrope
rope ladder
safety net
acrobats
ringmaster
top hat
hoop
juggler
dog
bow tie
band
bareback rider
clown

Liste alphabétique

Voici la liste alphabétique de tous les mots anglais illustrés dans ce livre. Chaque mot est suivi de sa prononciation simplifiée, puis de sa traduction en français.

La prononciation approximative simplifiée (certains sons anglais n'existant pas en français) a pour but de te permettre de prononcer les mots comme si c'étaient des mots français. Voici quelques conseils pour t'aider :

- le *a* de *bate* (bat) est proche du « a » de « patte » ;
- la répétition de deux voyelles - *caade* (card), *mii* (me) indique un son plus long qu'en français ; un seul *i* comme dans *bigue* (big) indique un son « i » court ;
- le *au* de *baule* (ball) ou *daur* (door) est long, et proche du « au » de « saute » ;
- *aï* de *flaï* (fly) ou *claïme* (climb) est proche de « aïe » ;
- *éi* de *réine* (rain) est proche du son « ay » de « pays » et *oï* de *oïl* (oil) se prononce comme le « oy » de « cow-boy » ;
- les deux voyelles du son *ao* de *cao* (cow) doivent être prononcées séparément, un peu comme dans « chaos », mais en les « avalant », sans insister sur la coupure ;
- *œu* se prononce comme dans « œuf » ;
- *r* n'est pas guttural ; il se prononce en relevant la pointe de la langue pour produire un son voisin du « l » ; le petit ^{r} à la fin des mots est à peine prononcé comme dans *dineu*^{r} (dinner), *ôveu*^{r} (over) ;
- le c anglais peut se prononcer *k* - *kéique* (cake) ou *s* - daïsse (dice) ;
- le *tch* de *tchipse* (chips) se prononce comme le « tch » de « tchèque », et le *ch* de *fiche* (fish) comme le « ch » de « cher » ;
- le *dj* de *djime* (gym) est proche du « j » de « jeans » ;
- *ing*, comme dans *iive-ning* (evening) ou *tou sing* (to sing), se prononce comme dans « camping » ;
- le *w* de *waule* (wall) se prononce comme dans « watt » ;
- *th* est un son qui n'existe pas en français ; il se prononce soit comme un « z » (th en gras dans la prononciation), soit comme un « s » (*th* dans la prononciation), mais en mettant la langue entre les dents, par exemple *mœuther* (mother) et *touth* (tooth) ;
- le *h* est prononcé en aspirant : *hède* (head) ;
- *e* à la fin d'une syllabe ou d'un mot, *bède* (bed), indique qu'il faut prononcer la consonne le précédant ;
- les tirets dans la prononciation ont pour but de la rendre plus facile à lire : *hin-keu-tchiife* (handkerchief), mais il faut essayer de « lier » les syllabes.

A

acrobats	*acrobatse*	acrobates
actor	*acteu*^{r}	acteur
actress	*actresse*	actrice
airport	*airpaute*	aéroport
alive	*eulaïve*	vivant
alphabet	*alfabète*	alphabet
ambulance	*ambiou-leunse*	ambulance
American football	*eumè-rikeune foute-baule*	football américain
animals	*animeulze*	animaux
apple	*appeul*	pomme
apricot	*éipricote*	abricot
apron	*éipreune*	tablier
aquarium	*eukouairi-eume*	aquarium
archery	*aatcheuri*	tir à l'arc
arm	*aame*	bras
arrows	*arôze*	flèches
artist	*aatiste*	artiste
astronaut	*astronaute*	astronaute
aunt	*aante*	tante
autumn	*auteume*	automne
axe	*axe*	hache

B

baby	*béibi*	bébé
back	*bac*	dos (corps)
back	*bac*	derrière
backpack	*bac-paque*	sac à dos
bad	*bade*	mal
badge	*badje*	badge
badger	*badjeu*^{r}	blaireau
badminton	*bade-mine-teune*	badminton
bait	*béite*	appât
baker	*béikeu*^{r}	boulanger/ boulangère
ball	*baule*	balle, ballon
balloon	*beuloune*	ballon (baudruche)
banana	*beunaaneu*	banane
band	*binde*	orchestre
bandage	*bin-didje*	bande
bareback rider	*bair-bac raïdeu*^{r}	écuyer/écuyère
barge	*baadje*	péniche
barn	*baane*	grange
barrel	*bareul*	tonneau
baseball	*béisse-baule*	base-ball
basin	*béissine*	lavabo
basket	*baaskette*	panier
basketball	*baaskette-baule*	basket
bat	*bate*	chauve-souris
bat	*bate*	batte
bath	*baath*	baignoire
bathroom	*baath-roume*	salle de bains
battery	*bateuri*	batterie
beach	*biitche*	plage
beads	*biide-ze*	perles
beak	*biique*	bec
beans	*biinze*	haricots
bear	*bair*	ours
beaver	*biiveu*^{r}	castor
bed	*bède*	lit
bedroom	*bède-roume*	chambre
bee	*bii*	abeille
beehive	*bii-haïve*	ruche

belt	*belte*	ceinture
bench	*bèntche*	banc
bicycle	*baïssikeul*	bicyclette
big	*bigue*	grand, gros
big wheel	*bi-gouiile*	grande roue
birds	*beurde-ze*	oiseaux
birthday	*beurth-déi*	anniversaire
birthday cake	*beurth-déi kéique*	gâteau d'anniversaire
birthday card	*beurth-déi caade*	carte d'anniversaire
biscuit	*biskite*	biscuit
bison	*baïsseune*	bison
black	*blaque*	noir
blind	*blaïnde*	store
blow (to)	*blô (tou)*	souffler
blue	*blou*	bleu
board	*baude*	tableau
boat	*bôte*	bateau
boiled egg	*boïl-dègue*	œuf à la coque
bolts	*bôltse*	boulons
bone	*bône*	os
bonfire	*bonne-failleu*^{r}	feu
bonnet	*bonette*	capot
books	*bouxe*	livres
boot	*boute*	coffre
boots	*boutse*	bottes
bottles	*boteulze*	bouteilles
bottom	*boteume*	derrière (corps)
bottom	*boteume*	bas (le)
bow	*bô*	arc
bow tie	*bô taï*	nœud papillon
bowls	*bôlze*	bols
box	*boxe*	boîte
boy	*boï*	garçon
bread	*brède*	pain
break (to)	*bréique (tou)*	casser
breakdown lorry	*bréique-daone lori*	dépanneuse
breakfast	*brèque-feuste*	petit déjeuner
bricks	*brixe*	cubes
bride	*braïd*	mariée
bridegroom	*braïd-groume*	marié
bridesmaid	*braïd-sméide*	demoiselle d'honneur
bridge	*bridje*	pont
broom	*broume*	balai
brother	*brœutheu*^{r}	frère
brown	*braone*	marron
brush	*brœuche*	brosse, pinceau, brosse à cheveux
bucket	*bœuquette*	seau
buckle	*bœukeul*	boucle
budgerigar	*bœu-djeri-gaa*^{r}	perruche
buffers	*bœufeuze*	tampons (train)
bull	*boule*	taureau
bus	*bœusse*	autobus
bus driver	*bœusse draïveu*^{r}	conducteur d'autobus
bush	*bouche*	buisson
butcher	*boutcheu*^{r}	boucher
butter	*bœuteu*^{r}	beurre
butterfly	*bœuteu-flaï*	papillon
button holes	*bœuteune-hôlze*	boutonnières
buttons	*bœuteunze*	boutons
buy (to)	*baï (tou)*	acheter

C

cabbage	*cabidje*	chou
cabin crew	*cabine crou*	équipage
café	*caféi*	café (lieu)
cage	*kéidje*	cage
cake	*kéique*	gâteau
calendar	*calèndeu*^{r}	calendrier
calf	*caaf*	veau
camel	*cameul*	dromadaire, chameau
camera	*came-ra*	appareil photo
canal	*keunal*	canal
canary	*keunairi*	canari
candle	*cane-deul*	bougie
candy floss	*cane-diflosse*	barbe à papa
canoe	*keunou*	kayak, canoë
cap	*cape*	casquette
car	*caa*^{r}	voiture
car wash	*caa*^{r} *woche*	lavage-auto
caravan	*careuvane*	caravane
cardigan	*caadi-gueune*	gilet
cards	*caade-ze*	cartes
carpenter	*caapènteu*^{r}	menuisier
carpet	*caapette*	moquette
carriages	*caridjize*	wagons
carrier bag	*kari-eu*^{r} *bague*	sac
carrot	*careute*	carotte
carry (to)	*cari (tou)*	porter
cart	*caate*	charrette
cast	*caaste*	plâtre
castle	*caasseul*	château fort
cat	*cate*	chat
catch (to)	*catche (tou)*	attraper
caterpillar	*cateu-pileu*^{r}	chenille
cauliflower	*coli-flao-eu*^{r}	chou-fleur
ceiling	*sii-ling*	plafond
celery	*sèleuri*	céleri
cereal	*siri-eul*	céréales
chair	*tchair*	chaise
chairlift	*tchair-lifte*	télésiège
chalk	*tchauque*	craie
changing room	*tchéin-djing roume*	vestiaire
checkout	*tchè-kaote*	caisse
cheek	*tchiique*	joue
cheese	*tchiize*	fromage
chef	*chef*	cuisinier
cherry	*tchèri*	cerise
chest	*tcheste*	poitrine
chest of drawers	*tchè-stove drauze*	commode
chicken	*tchiqueune*	poulet
chicks	*tchixe*	poussins
children	*tchil-dreune*	enfants
chimney	*tchime-ni*	cheminée
chin	*tchine*	menton
chips	*tchipse*	frites
chocolate	*tcho-cleute*	chocolat
chop (to)	*tchope (tou)*	couper
chopsticks	*tchope-stixe*	baguettes
Christmas day	*crisse-meusse déi*	jour de Noël
Christmas tree	*crisse-meusse trii*	sapin de Noël
cinema	*si-neumaa*	cinéma
circle	*seur-keul*	cercle
circus	*seur-keusse*	cirque
clay	*cléi*	argile
clean	*cliine*	propre
clementine	*clèmeuntaïne*	clémentine
cliff	*clife*	falaise
climb (to)	*claïme (tou)*	grimper
climbing	*claïming*	escalade
clock	*cloque*	pendule
closed	*clôze-de*	fermé
clothes	*clôthe-ze*	vêtements
clouds	*claode-ze*	nuages
clown	*claone*	clown
coat	*côte*	manteau
cobweb	*cobe-wèbe*	toile d'araignée
cockerel	*coquereul*	coq
coffee	*cofi*	café (boisson)
cold	*côlde*	froid
colours	*cœuleuze*	couleurs
comb	*côme*	peigne
comic	*comique*	BD (la)
computer	*keume-piouteu*^{r}	ordinateur
cone	*cône*	cône
control tower	*keuntrôl tao-eu*^{r}	tour de contrôle

cook (to)	*couque (tou)*	faire la cuisine
cooker	*couqueu^{r}*	cuisinière
cotton wool	*coteune woule*	coton
country	*cœuntri*	campagne
cousin	*cœuzeune*	cousin
cow	*cao*	vache
cowshed	*cao-chède*	étable
crab	*crabe*	crabe
crane	*créine*	grue
crawl (to)	*craule (tou)*	ramper
crayons	*creilleunze*	crayons cire
cream	*criime*	crème
crescent	*crèsseunte*	croissant
cricket	*criquette*	cricket
crisps	*crispse*	chips
crocodile	*crokeu-daïle*	crocodile
crossing	*crossing*	passage pour piétons
crutches	*crœutcheuze*	béquilles
cry (to)	*craï (tou)*	pleurer
cube	*kioube*	cube
cubs	*cœube-ze*	renardeaux, lionceaux
cucumber	*kiou-cœume-beu^{r}*	concombre
cupboard	*cœubeude*	placard
cups	*cœupse*	tasses
curtain	*keurteune*	rideau
cushion	*keu-cheune*	coussin
cut (to)	*cœute (tou)*	couper
cycling	*saïcling*	cyclisme

D

dance (to)	*daane-se (tou)*	danser
dancers	*daane-seuze*	danseurs/ danseuses
dark	*daaque*	sombre
daughter	*dauteu^{r}*	fille
days	*déize*	jours
dead	*dède*	mort
deck chair	*dèque-tchair*	transat
deer	*diir*	cerf
dentist	*dène-tiste*	dentiste
desk	*dèsque*	bureau
dew	*diou*	rosée
diamond	*daï-meunde*	losange
dice	*daïsse*	dés
difficult	*difikeulte*	difficile
dig (to)	*digue (tou)*	creuser
digger	*digueu^{r}*	bulldozer
dinner	*dineu^{r}*	dîner
dirty	*deurti*	sale
diver	*daïveu^{r}*	plongeur
diving	*daïving*	plongeon
doctor	*docteu^{r}*	docteur
dodgems	*dodjeume-ze*	autos tamponneuses
dog	*dogue*	chien
doing things	*dou-ing thing-ze*	actions
dolls	*dolze*	poupées
doll's house	*dolze haosse*	maison de poupée
dolphin	*dolfine*	dauphin
donkey	*done-ki*	âne
door	*daur*	porte
door handle	*daur-hindeul*	poignée
downstairs	*daone-stair-ze*	en bas
drawer	*drau-eu^{r}*	tiroir
drawing	*drau-ing*	dessin
dress	*dresse*	robe
dressing gown	*dressing gaone*	robe de chambre
drill	*drile*	marteau-piqueur, vilebrequin
drink (to)	*drine-que (tou)*	boire
drums	*drœume-ze*	tambours
dry	*draï*	sec
ducklings	*dœucling-ze*	canetons
ducks	*dœuxe*	canards
dustbin	*dœu-sbine*	poubelle
duster	*dœusteu^{r}*	chiffon
dustpan	*dœu-spane*	pelle à ordures
duvet	*douvéi*	couette
DVD	*diiviidii*	DVD

E

eagle	*iigueul*	aigle
ears	*iir-ze*	oreilles
earth	*eurth*	terre
easel	*iizeul*	chevalet
easy	*iizi*	facile
eat (to)	*iite (tou)*	manger
egg	*ègue*	œuf
eggs	*ègue-ze*	œufs
eight	*éite*	huit
eighteen	*éi-tiine*	dix-huit
elbow	*èlbô*	coude
elephant	*èlifeunte*	éléphant
eleven	*ilèveune*	onze
empty	*èmpe-ti*	vide
engine	*èndjine*	locomotive de voiture
evening	*iive-ning*	soir
exercise	*exeu-saïze*	sport
eye	*aïe*	œil
eyebrow	*aïe brao*	sourcil

F

face	*féisse*	figure
face paints	*féisse péintse*	bâtons de maquillage
factory	*factri*	usine
fairground	*fair graonde*	fête foraine
fall (to)	*faule (tou)*	tomber
families	*familize*	familles
fancy dress	*fane-si dresse*	déguisements
far	*faa^{r}*	loin
farm	*faame*	ferme
farmer	*faameu^{r}*	fermier
farmhouse	*faame-haosse*	ferme (maison)
fast	*faaste*	rapide
fat	*fate*	gros
father	*faatheu^{r}*	père
Father Christmas	*faatheu^{r} crisse-meusse*	père Noël
feathers	*fètheuze*	plumes
felt-tips	*fèlte-tipse*	feutres
fence	*fène-se*	palissade
few	*fiou*	peu
field	*fiilde*	champ
fifteen	*fife-tiine*	quinze
fight (to)	*faïte (tou)*	se bagarrer
file	*faïle*	lime
fingers	*fine-gueuze*	doigts
fire engine	*failleu^{r} èndjine*	camion de pompiers
firefighter	*failleu-faïteu^{r}*	pompier
fireworks	*failleu-weurkse*	feux d'artifice
first	*feurste*	premier
fish	*fiche*	poisson
fisherman	*ficheu-meune*	pêcheur
fishing	*fiching*	pêche (la)
fishing boat	*fiching bôte*	bateau de pêche
fishing rod	*fiching rode*	canne à pêche
five	*faïve*	cinq
flag	*flague*	drapeau
flats	*flatse*	immeuble
flippers	*flipeuze*	palmes
floor	*flaur*	plancher
flour	*flao-eu^{r}*	farine
flower bed	*flao-eu^{r} bède*	plate-bande
flowers	*flao-euze*	fleurs
fly	*flaï*	mouche
fog	*fogue*	brouillard

food	*foude*	nourriture
foot	*foute*	pied
football	*foute-baule*	football
forest	*foriste*	forêt
fork	*fauque*	fourche
forks	*faukse*	fourchettes
four	*faur*	quatre
fourteen	*faur-tiine*	quatorze
fox	*foxe*	renard
fox cubs	*foc-scœube-ze*	renardeaux
Friday	*fraïdéi*	vendredi
fridge	*fridje*	réfrigérateur
fried egg	*fraïde ègue*	œuf au plat
frog	*frogue*	grenouille
front	*frœunte*	devant
frost	*froste*	givre
fruit	*froute*	fruit
fruit juice	*froute-djousse*	jus de fruits
frying pan	*fraï-ing pane*	poêle (à frire)
full	*foule*	plein

G

garage	*garaadje*	garage
garden	*gaadeune*	jardin
gate	*guéite*	barrière
geese, goose	*guiisse, gousse*	oies, oie
ghost train	*gôste tréine*	train fantôme
giraffe	*djiraafe*	girafe
girl	*gueurle*	fille
glasses	*glaassize*	verres
glasses	*glaassize*	lunettes
globe	*glôbe*	mappemonde
gloves	*glœuve-ze*	gants
glue	*glou*	colle
goat	*gôte*	chèvre
goldfish	*gôlde-fiche*	poissons rouges
good	*goude*	bien, bon
goods train	*goude-ze tréine*	train de marchandises
gorilla	*gueu-rileu*	gorille
grandfather	*grinde-faatheu[r]*	grand-père
grandmother	*grinde-mœutheu[r]*	grand-mère
grapefruit	*gréipe-froute*	pamplemousse
grapes	*gréipse*	raisin
grass	*graasse*	herbe
green	*griine*	vert
greenhouse	*griine-haosse*	serre
grey	*gréi*	gris
guests	*guess-tseu*	invités
guinea pig	*guini-pigue*	cochon d'Inde
guitar	*guitaa[r]*	guitare
gym	*djime*	gymnastique

H

hair	*hair*	cheveux
hairdresser	*hair-dresseu[r]*	coiffeur
hall	*haule*	entrée
ham	*hame*	jambon
hamburger	*hame-beurgueu[r]*	hamburger
hammer	*hameu[r]*	marteau
hamster	*hame-steu[r]*	hamster
hand	*hinde*	main
handbag	*hinde-bague*	sac à main
handkerchief	*hin-keu-tchiife*	mouchoir
hang-gliding	*hin-glaïding*	deltaplane
hard	*haade*	dur
hat	*hate*	chapeau
hay	*héi*	foin
hayloft	*héi-loffte*	grenier à foin
haystack	*héi-staque*	meule de foin
head	*hède*	tête
headlights	*hède-laïtse*	phares
hedge	*hèdje*	haie
hedgehog	*hèdje-hogue*	hérisson
helicopter	*hèlicopteu[r]*	hélicoptère
helmet	*hèlmette*	casque
helter-skelter	*hèlteu[r] skèlteu[r]*	toboggan géant
hen house	*hène-haosse*	poulailler
hens	*hène-ze*	poules
hide (to)	*haïde (tou)*	se cacher
high	*haï*	haut
hill	*hile*	colline
hippopotamus	*hipeu-poteu-meusse*	hippopotame
hoe	*hô*	binette
hole	*hôle*	trou
holiday	*holidéi*	vacances
home	*hôme*	maison
honey	*hœuni*	miel
hoop	*houpe*	cerceau
hoop-la	*houpe-la*	anneaux (jeu)
horns	*haune-ze*	cornes
horse	*hausse*	cheval
hosepipe	*hôze-païpe*	tuyau d'arrosage
hospital	*hospiteul*	hôpital
hot	*hotte*	chaud
hot-air balloon	*hotte-air beuloune*	montgolfière
hot chocolate	*hotte tcho-cleute*	chocolat chaud
hotel	*hôtel*	hôtel
house	*haosse*	maison
husband	*hœuze-beunde*	mari

I

iceberg	*aïsbeurgue*	iceberg
ice cream	*aïscriime*	glace
ice skates	*aïs-skéitse*	patins à glace
ice-skating	*aïs-skéiting*	patinage
in	*ine*	dedans
iron	*ailleune*	fer à repasser
ironing board	*ailleuning baude*	planche à repasser
island	*aï-leunde*	île

J

jacket	*djaquette*	veste
jam	*djame*	confiture
jars	*djaaze*	bocaux
jeans	*djiinze*	jean
jigsaw	*djigue-sau*	puzzle
jogging	*djoging*	jogging
judge	*djœudje*	juge
judo	*djoudô*	judo
juggler	*djœugleu[r]*	jongleur
jump (to)	*djœumpe (tou)*	sauter
jumper	*djœumpeu[r]*	pull-over

K

kangaroo	*kin-gueurou*	kangourou
karate	*keuraati*	karaté
kennel	*kèneul*	niche
kettle	*kèteul*	bouilloire
key	*kii*	clé
kitchen	*kitchine*	cuisine
kite	*kaïte*	cerf-volant
kitten	*kiteune*	chaton
knee	*nii*	genou
knit (to)	*nite (tou)*	tricoter
knives, knife	*naïve-ze, naïfe*	couteaux, couteau

L

ladder	*ladeu[r]*	échelle
ladybird	*léidi-beurde*	coccinelle
lake	*léique*	lac
lambs	*lame-ze*	agneaux
lamp	*limpe*	lampe
lamp post	*limpôste*	lampadaire
last	*laaste*	dernier
laugh (to)	*laafe (tou)*	rire
lawn mower	*laune môeu[r]*	tondeuse
lead	*liide*	laisse (chien)
leaves, leaf	*liive-ze, liife*	feuilles, feuille

leek	*liique*	poireau
left	*lèfte*	gauche (à)
leg	*lègue*	jambe
lemon	*lèmeune*	citron
leopard	*lèpeude*	léopard
letters	*lèteuze*	lettres
lettuce	*lètisse*	laitue
lift	*lifte*	ascenseur
light	*laïte*	clair
lightbulb	*laïte-bœulbe*	ampoule
lighthouse	*laïte-haosse*	phare
lightning	*laïte-ning*	éclair
lion	*lailleune*	lion
lips	*lipse*	lèvres
listen (to)	*lisseune (tou)*	écouter
living room	*living roume*	salon
lizard	*lizeude*	lézard
lock	*loque*	écluse
locker	*loqueu^r*	placard
logs	*logue-ze*	rondins
long	*long*	long
lorry	*lori*	camion
lorry driver	*lori draïveu^r*	chauffeur de camion
low	*lô*	bas
lunch	*lœuntche*	déjeuner

M

make (to)	*méique (tou)*	faire
man	*mane*	monsieur, homme
many	*mèni*	beaucoup
map	*mape*	carte
marbles	*maabeulze*	billes
market	*maakette*	marché
mashed potatoes	*machte peutéitôze*	purée
masks	*maaskse*	masques
mat	*mate*	paillasson
matches	*matcheuze*	allumettes
me	*mii*	moi
meat	*miite*	viande
mechanics	*micanixe*	mécaniciens/ mécaniciennes
medicine	*mèdisseune*	médicament
melon	*mèleune*	melon
milk	*milque*	lait
mirror	*mireu^r*	miroir
mist	*miste*	brume
mole	*môle*	taupe
Monday	*mœune-déi*	lundi
money	*mœuni*	argent
money box	*mœuni boxe*	tirelire
monkey	*mœun-ki*	singe
moon	*moune*	lune
mop	*mope*	balai à franges
morning	*mauning*	matin
moth	*moth*	papillon de nuit
mother	*mœutheu^r*	mère
motor-boat	*môteu-bôte*	canot à moteur
motorbike	*môteu-baïke*	moto
mountain	*maon-tine*	montagne
mouse	*maosse*	souris
mouth	*maoth*	bouche
mouth organ	*mao-thaugueune*	harmonica
mud	*mœude*	boue
mushroom	*mœu-chroume*	champignon
my	*maï*	*mes*

N

nails	*néilze*	ongles
nappy	*napi*	couche
near	*nire*	près
neck	*nèque*	cou
necklace	*nèclesse*	collier
nest	*nesste*	nid
net	*nette*	filet
new	*niou*	neuf, neuve
newspaper	*niouze-péipeu^r*	journal
night	*naïte*	nuit
nightdress	*naïte-dresse*	chemise de nuit
nine	*naïne*	neuf
nineteen	*naïne-tiine*	dix-neuf
nose	*nôze*	nez
notebook	*nôte-bouque*	cahier
numbers	*nœumbeuze*	nombres
nurse	*neurse*	infirmier/ infirmière
nuts	*nœutse*	écrous

O

oar	*aur*	rame
oil	*oïl*	huile
oil tanker	*oïl tinqueu^r*	pétrolier
old	*ôlde*	vieux
omelette	*ome-lette*	omelette
one	*ouane*	un (chiffre)
onion	*œunieune*	oignon
open	*ôpeune*	ouvert
opposite words	*opeuzite weurde-ze*	contraires
orange	*orine-dje*	orange (couleur/ fruit)
orchard	*autcheude*	verger
ostrich	*ostritche*	autruche
out	*aote*	dehors
oval	*ôveul*	ovale
over	*ôveu^r*	sur, par-dessus
owl	*aol*	hibou

P

paddle	*padeul*	pagaie
paint (to)	*péinte (tou)*	peindre
painter	*péin-teu^r*	peintre
paint pot	*péinte pote*	pot de peinture
paints	*péintse*	boîte de peintures
pancakes	*pane-kéixe*	crêpes
panda	*pane-deu*	panda
pants	*pane-tse*	slip
paper	*péipeu^r*	papier
paper chains	*péipeu^r tchéinze*	guirlande
parachute	*pareuchoute*	parachute
park	*paaque*	jardin public
parrot	*pareute*	perroquet
party	*paati*	fête
path	*paath*	allée, chemin
pavement	*péive-meunte*	trottoir
paws	*pauze*	pattes
peach	*piitche*	pêche
pear	*pair*	poire
peas	*piize*	petits pois
pebbles	*pèbeulze*	galets
pegs	*pègue-ze*	portemanteau
pelican	*pèlikeune*	pélican
pen	*pène*	stylo (à encre)
pencil	*pène-seul*	crayon à papier
penguin	*pène-gouine*	manchot, pingouin
penknife	*pène-naïfe*	canif
people	*piipeul*	gens
pepper	*pèpeu^r*	poivre
petrol	*pètreul*	essence
petrol pump	*pètreul pœumpe*	pompe à essence
petrol tanker	*pètreul tinqueu^r*	camion-citerne
pet	*pète*	animal familier
pets	*pètse*	animaux familiers
photographer	*feu-togreufeu^r*	photographe
photographs	*fôteugraafe-se*	photos
piano	*pianô*	piano
pick (to)	*pique (tou)*	cueillir
picnic	*pique-nique*	pique-nique
pictures	*pic-tcheuze*	posters
pigeon	*pidjeune*	pigeon

piglets	*pigleutse*	cochonnets
pigs	*pigue-ze*	cochons
pigsty	*pigue-staï*	porcherie
pillow	*pilô*	oreiller
pills	*pilze*	comprimés
pilot	*paï-leute*	pilote
pineapple	*paï-napeul*	ananas
pink	*pine-que*	rose
pipes	*païpse*	tuyaux
pizza	*pii-tseu*	pizza
plane	*pléine*	avion, rabot
planet	*planette*	planète
plank	*plinque*	planche
plant	*plaante*	plante
plates	*pléitse*	assiettes
platform	*plate-faume*	quai
play (to)	*pléi (tou)*	jouer
playground	*pléi-graonde*	cour de récréation
playing cards	*pléing caade-ze*	cartes à jouer
plough	*plao*	charrue
plum	*plœume*	prune
pockets	*pokètse*	poches
polar bear	*pôleu^{r} bair*	ours blanc
pole	*pôle*	perche
police car	*peulii-scaa^{r}*	voiture de police
policeman	*peulii-smeune*	agent de police
policewoman	*peulii-swoumeune*	agent de police (femme)
pond	*ponde*	mare
pony	*pôni*	poney
popcorn	*pope-caune*	pop-corn
postman	*pô-smeune*	facteur
potatoes	*peutéitôze*	pommes de terre
pram	*prame*	landau
present	*prèzeunte*	cadeau
pudding	*pouding*	desserts
puddle	*pœudeul*	flaque d'eau
pull (to)	*poule (tou)*	tirer
pumpkin	*pœumpe-kine*	citrouille
puppets	*pœupitse*	marionnettes
puppy	*pœupi*	chiot
purple	*peurpeul*	violet
purse	*peurse*	porte-monnaie
push (to)	*pouche (tou)*	pousser
push-chair	*pouche-tchair*	poussette
pyjamas	*pidjaameuze*	pyjama

R

rabbit	*rabite*	lapin
race	*réisse*	course
racing car	*réissing caa^{r}*	voiture de course
racket	*raquette*	raquette
radiator	*réi-diéi-teu^{r}*	radiateur
radio	*réidiô*	radio
railings	*réiling-ze*	clôture
railway station	*réil-wéi stéicheune*	gare
railway track	*réil-wéi traque*	rails
rain	*réine*	pluie
rainbow	*réine-bô*	arc-en-ciel
rake	*réique*	râteau
raspberry	*raaze-beuri*	framboise
read (to)	*riide (tou)*	lire
recorder	*ricaudeu^{r}*	flûte
rectangle	*rèctingueul*	rectangle
red	*rède*	rouge
reindeer	*réine-dire*	renne
rhinoceros	*raï-nosseu-reusse*	rhinocéros
ribbon	*ribeune*	ruban
rice	*raïsse*	riz
riding	*raïding*	équitation
right	*raïte*	droite (à)
ring	*ring*	bague
ring master	*ring maasteu^{r}*	Monsieur Loyal
river	*riveu^{r}*	rivière
road	*rôde*	route
robot	*rôbotte*	robot
rocket	*roquette*	fusée
rocking horse	*roking hausse*	cheval à bascule
rocks	*roxe*	rochers
roller	*rôleu^{r}*	rouleau compresseur
roller blades	*rôleu^{r} bléide-ze*	rollers
rollercoaster	*rôleu^{r}-costeu^{r}*	montagnes russes
rolls	*rôlze*	petits pains
roof	*rouf*	toit
rope	*rôpe*	corde
rope ladder	*rôpe ladeu^{r}*	échelle de corde
roundabout	*raondeu-baote*	manège
rowing	*rô-ing*	aviron
rowing boat	*rô-ing bôte*	barque
rubber	*rœubeu^{r}*	gomme
rubbish	*rœubiche*	ordures
rug	*rœugue*	tapis
rugby	*rœugbi*	rugby
ruler	*rouleu^{r}*	règle
run (to)	*rœune (tou)*	courir
runway	*rœune-wéi*	piste

S

saddle	*sadeul*	selle
safety net	*séifti nette*	filet (trapèze)
sail	*séile*	voile
sailing	*séiling*	voile (sport)
sailing boat	*séiling bôte*	bateau à voiles
sailor	*séileu^{r}*	marin
salad	*saleude*	salade
salami	*seulaami*	saucisson
salt	*saulte*	sel
sandals	*sindeulze*	sandales
sandcastle	*sinde-caasseul*	château de sable
sandpaper	*sinde-péipeu^{r}*	papier de verre
sandpit	*sinde-pite*	bac à sable
sandwich	*sanouidje*	sandwich
Saturday	*sateudéi*	samedi
sauce	*sauce*	sauce
saucepans	*sauce-peunze*	casseroles
saucers	*sauceuze*	soucoupes
sausage	*sossidje*	saucisse
saw	*sau*	scie
sawdust	*saudœuste*	sciure
scales	*skéil-ze*	balance
scarecrow	*skair-crô*	épouvantail
scarf	*scaaf*	écharpe
school	*scoule*	école
scissors	*sizeuze*	ciseaux
screwdriver	*scrou-draïveu^{r}*	tournevis
screws	*scrouze*	vis
sea	*sii*	mer
seagull	*siigœul*	mouette
seal	*siile*	phoque
seaside	*sii-saïde*	mer (bord de)
seasons	*siizeunze*	saisons
seaweed	*sii-ouiide*	algue
seeds	*siide-ze*	graines
seesaw	*sii-sau*	balançoire
seven	*sèveune*	sept
seventeen	*sèveune-tiine*	dix-sept
sew (to)	*sô (tou)*	coudre
shapes	*chéipse*	formes
shark	*chaaque*	requin
shavings	*chéiving-ze*	copeaux
shed	*chède*	appentis
sheep	*chiipe*	mouton
sheepdog	*chiipe-dogue*	chien de berger
sheet	*chiite*	drap
shell	*chèle*	coquillage
ship	*chipe*	navire
shirt	*cheurte*	chemise
shoelace	*chou-léisse*	lacet
shoes	*chouze*	chaussures

shop	*chope*	magasin
short	*chaute*	court
shorts	*chautse*	short
shoulders	*chôldeuze*	épaules
shower	*chao-eu*^{r}	douche
signals	*sigue-neulze*	feux de signalisation
signpost	*saïne-pôste*	poteau indicateur
sing (to)	*sing (tou)*	chanter
singers	*sing-euze*	chanteurs/ chanteuses
sink	*sine-que*	évier
sister	*sisteu*^{r}	sœur
sit (to)	*site (tou)*	être assis
six	*sixe*	six
sixteen	*sixe-tiine*	seize
skateboard	*skéite-baude*	planche à roulettes
ski	*skii*	ski
ski pole	*skii pôle*	bâton (de ski)
skiing	*skii-ing*	ski (faire du)
skip (to)	*skipe (tou)*	sauter à la corde
skipping rope	*skiping rôpe*	corde à sauter
skirt	*skeurte*	jupe
sky	*skaï*	ciel
sleep (to)	*sliipe (tou)*	dormir
sleigh	*sléi*	traîneau
slide	*slaïde*	toboggan
slippers	*slipeuze*	pantoufles
slow	*slô*	lent
small	*smaule*	petit
smile (to)	*smaïle (tou)*	sourire
smoke	*smôque*	fumée
snail	*snéile*	escargot
snake	*snéique*	serpent
snow	*snô*	neige
snowboarding	*snô-bauding*	surf de neige
soap	*sôpe*	savon
socks	*soxe*	chaussettes
sofa	*sôfa*	canapé
soft	*softe*	mou
soldiers	*sôl-djeuze*	soldats
son	*sœune*	fils
soup	*soupe*	soupe
space	*spéisse*	espace
spacemen	*spéisse-mène*	astronautes
spaceship	*spéisse-chipe*	vaisseau spatial
spade	*spéide*	bêche
spaghetti	*spaguèti*	spaghetti
spanner	*spaneu*^{r}	clef
special days	*spècheul déize*	jours de fête
spider	*spaïdeu*^{r}	araignée
spinach	*spinidje*	épinards
sponge	*spœundje*	éponge
spoons	*spounze*	cuillères
sport	*spaute*	sport
spring	*spring*	printemps
sprinkler	*sprine-kleu*^{r}	tourniquet (d'arrosage)
square	*skouair*	carré
squirrel	*skouireul*	écureuil
stable	*stéibeul*	écurie
stairs	*stairze*	escalier
star	*staa*^{r}	étoile
starfish	*staa-fiche*	étoile de mer
statue	*statiou*	statue
steps	*stèpse*	marches
sticking plaster	*stiking plaasteu*^{r}	pansement
sticks	*stixe*	bâtons
stones	*stônze*	pierres
stool	*stoule*	tabouret
straw	*strau*	paille (boire)
straw bales	*strau béilze*	bottes de paille
strawberry	*strau-bri*	fraise
stream	*striime*	ruisseau

street	*striite*	rue
string	*string*	ficelle
submarine	*sœube-meuriine*	sous-marin
sugar	*chougueu*^{r}	sucre
suitcase	*soute-kéisse*	valise
summer	*sœumeu*^{r}	été
sumo wrestling	*soumô rèsse-ling*	sumo
sums	*sœume-ze*	calcul, additions
sun	*sœune*	soleil
suncream	*sœune-criime*	crème solaire
Sunday	*sœune-déi*	dimanche
sunhat	*sœune-hate*	chapeau de soleil
supper	*sœpeu*^{r}	dîner, souper
swans	*swonze*	cygnes
sweatshirt	*swette-cheurte*	sweat-shirt
sweep (to)	*souiipe (tou)*	balayer
sweet	*souiite*	bonbon
swimming	*souiming*	natation
swimming pool	*souiming poule*	piscine
swimsuit	*souime-soute*	maillot de bain
swings	*souing-ze*	balançoires
switch	*souitche*	interrupteur
syringe	*sirine-dje*	seringue

T

table	*téibeul*	table
table tennis	*téibeul-tènisse*	tennis de table
tablecloth	*téibeul-cloth*	nappe
tacks	*taxe*	punaises
tadpoles	*tade-pôlze*	têtards
tail	*téile*	queue
take (to)	*téique (tou)*	prendre
talk (to)	*tauque (tou)*	parler
tanker	*tinqueu*^{r}	camion-citerne
tap	*tape*	robinet
tape measure	*téipe mèjeu*^{r}	mètre
target	*taa-guette*	cible
taxi	*taxi*	taxi
tea	*tii*	thé
tea towel	*tii taol*	torchon
teacher	*tiitcheu*^{r}	institutrice
teapot	*tiipote*	théière
teaspoons	*tiispounze*	petites cuillères
teddy bear	*tèdi bair*	ours en peluche
teeth, tooth	*tiith, touth*	dents, dent
telephone	*tèlifône*	téléphone
telescope	*tèliscôpe*	télescope
television	*tèli-vijeune*	télévision
ten	*tène*	dix
tennis	*tènisse*	tennis
tents	*tèntse*	tentes
thermometer	*theu-momiteu*^{r}	thermomètre
thin	*thine*	maigre
think (to)	*thine-que (tou)*	penser
thirteen	*theur-tiine*	treize
three	*thrii*	trois
throw (to)	*thrô (tou)*	lancer
thumb	*thœume*	pouce
Thursday	*theurze-déi*	jeudi
ticket inspector	*tiquè-tine-specteu*^{r}	contrôleur/ contrôleuse
ticket machine	*tiquette meuchiine*	billetterie
tie	*taï*	cravate
tiger	*taïgueu*^{r}	tigre
tightrope	*taï-trôpe*	fil
tightrope walker	*taï-trôpe wauqueu*^{r}	funambule
tights	*taïtse*	collant
tiles	*taïl-ze*	carreaux
tins	*tine-ze*	boîtes de conserve
tissues	*tichiouze*	mouchoirs en papier
toad	*tôde*	crapaud
toast	*tôste*	pain grillé
toes	*tôze*	doigts de pied

toilet	*toïleute*	toilettes
toilet paper	*toïleute péipeu*^{r}	papier hygiénique
tomato	*teumaatô*	tomate
tongue	*tœungue*	langue
tool box	*toule boxe*	boîte à outils
toothbrush	*touth-brœuche*	brosse à dents
toothpaste	*touth-péiste*	dentifrice
top	*tope*	haut (le)
top hat	*tope hate*	haut-de-forme
tortoise	*tau-teusse*	tortue
towel	*taol*	serviette
toys	*toïze*	jouets
toyshop	*toï-chope*	magasin de jouets
tractor	*tracteu*^{r}	tracteur
traffic lights	*trafic laïtse*	feux de signalisation
trailer	*tréi-leu*^{r}	remorque
train	*tréine*	train
train driver	*tréine draïveu*^{r}	mécanicien (train)
train set	*tréine sette*	train électrique
trainers	*tréi-neuze*	tennis (les)
trapeze	*trapiize*	trapèze
travel	*traveul*	voyage
tray	*tréi*	plateau
tree	*trii*	arbre
trees	*triize*	arbres
triangle	*traï-ane-gueul*	triangle
trick cyclist	*tric saïcliste*	cycliste acrobate
tricycle	*traïssikeul*	tricycle
trolley	*troli*	caddie
trousers	*trao-zeuze*	pantalon
trowel	*traol*	déplantoir
trumpet	*trœume-pette*	trompette
trunk	*trœunque*	trompe
t-shirt	*tii-cheurte*	tee-shirt
Tuesday	*tiouze-déi*	mardi
tummy	*tœumi*	ventre
tunnel	*tœuneule*	tunnel
turkeys	*teurkize*	dindons
twelve	*touèlve*	douze
twenty	*touène-ti*	vingt
two	*tou*	deux
tyre	*tailleu*^{r}	pneu

U

umbrella	*œume-brelleu*	parasol, parapluie
uncle	*œunkeul*	oncle
under	*œundeu*^{r}	sous
upstairs	*œupe-stair-ze*	en haut

V

vacuum cleaner	*vakioume cliineu*^{r}	aspirateur
van	*vane*	camionnette
vegetables	*vèdje-teubeulze*	légumes
vest	*veste*	maillot de corps
vet	*vette*	vétérinaire
vice	*vaïsse*	étau
village	*vilidje*	village

W

wait (to)	*wéite (tou)*	attendre
waiter	*wéiteu*^{r}	serveur
waiting room	*wéiting roume*	salle d'attente
waitress	*wéitresse*	serveuse
walk (to)	*wauque (tou)*	marcher
walking stick	*wauquing stique*	canne
wall	*waule*	mur
wardrobe	*wau-drôbe*	armoire
wash (to)	*woche (tou)*	laver, se laver
washing machine	*woching meuchiine*	lave-linge
washing powder	*woching paodeu*^{r}	lessive (paquet)
wasp	*wospe*	guêpe
wastepaper bin	*wéi-spéipeu-bine*	corbeille à papier
watch	*wotche*	montre
watch (to)	*wotche (tou)*	regarder
water	*wauteu*^{r}	eau
waterfall	*wauteu-faule*	cascade
watering can	*wauteuring-cane*	arrosoir
water-skier	*wauteu-skieu*^{r}	skieur nautique
waves	*wéive-ze*	vagues
weather	*wètheu*^{r}	temps (climat)
wedding day	*wèding déi*	jour de mariage
Wednesday	*wènze-déi*	mercredi
wet	*ouette*	mouillé
whale	*wéile*	baleine
wheel	*ouiile*	roue
wheelbarrow	*ouiile-barô*	brouette
wheelchair	*ouiile-tchair*	fauteuil roulant
whistle	*oui-seul*	sifflet
white	*waïte*	blanc
wife	*waïfe*	femme (épouse)
wind	*ouine-de*	vent
windmill	*ouine-mile*	éolienne, moulin
window	*ouine-dô*	fenêtre
windsurfing	*ouine-tseurfing*	planche à voile
wing	*ouing*	aile
winter	*ouine-teu*^{r}	hiver
wolf	*woulfe*	loup
woman	*woumeune*	femme
wood	*woude*	bois
workbench	*weurque-bèntche*	établi
workshop	*weurque-chope*	atelier
worm	*weurme*	ver de terre
write (to)	*raïte (tou)*	écrire

Y

yacht	*iote*	bateau à voiles
yellow	*ièlô*	jaune
yoghurt	*iogueute*	yaourt

Z

zebra	*zèbreu*	zèbre
zip	*zipe*	fermeture éclair